Marion Jana Goeritz

Himmelsstern

Bibliografische Information der Deutschen Nationalbibliothek:

Die Deutsche Nationalbibliothek verzeichnet diese Publikation in der Deutschen Nationalbibliografie; detaillierte bibliografische Daten sind im Internet über http://dnb.dnb.de abrufbar.

Coverbild: Marion Jana Goeritz

Herstellung und Verlag: BoD – Books on Demand, Norderstedt

ISBN: 978-3-7528-5012-3

Herzlich Willkommen liebe Leser,

tun was der Seele gefällt.

Vielleicht Musik hören und obwohl es einen Text gibt, kommen mir manchmal ganz andere Worte zur Musik in den Sinn. Dann, wenn die Musik meine Seele zum sprechen einlädt. Oder an schönen warmen Tagen in den Himmel schauen und sehen wie die Wolken ziehen. Es ist still und ich fühle meine Seele flüstern. Worte die mir zu fliegen vom Seelenhimmel, egal wie das Wetter dort auch gerade sein mag.

Beim Lesen wünsche ich ihnen viel Freude.

Herzlichst

Marion Jana Goeritz

Benenne was dich drückt

erlebe Leichtigkeit im Hier

lerne zu dir zu stehen

schreibe nicht nur in den Himmel

schreibe nicht in den Sand

schau ihr ins Gesicht

und erzähle ihr von dir

erlaube dir keine Lüge

die Ehrlichkeit

frage sie nach dem Weg

weit mag die neue Straße sein

die du dann erblickst

doch sie gehört dir

deine Augen erblicken Schönes

Rosen erblühen im Meer der Glückseligkeit

Mauern stürzen ein

Blumen erblühen zwischen Steinen bunt

Fragen die gestern noch keine Antwort fanden

heute sind sie stumm

und wenn du alles das nicht möchtest

kann auch kein Wille dich mehr tragen

denn deine Seele schreit nach Liebe

Barfuß im Regen

Träume leben auf

schweben und fliegen hoch zum Himmel

fühlen wie eine Königin

wenn da nur nicht die Angst wäre

die dir den Weg versperrt

lass los und kämpfe nicht

Mut

manchmal wird er über Nacht geboren

neue Zeit sie kommt näher

der Weg für dich ist nicht schwer

du bist nicht allein

er steht dir zur Seite

dein König ist der mutigste aller Zeiten

doch vertraue dir

halte fest was dich glücklich macht

lass fliegen was dich halten will

und du wirst sehen wer dich liebt

dieser Mensch

wird dich achten in jedem Moment

die Königin wirst du sein

wenn dein Herz zu dir ehrlich spricht

und du deiner Seele die Hand reichst

die sie sich in allen Stunden wünscht

geh und warte nicht

geh und weine nicht

geh und lache in dein Herz

geh Königin

dein Thron ist noch nicht besetzt

frage dich

wen du liebst und wer ehrlich spricht

Barfuß im Regen ist kein Trauerspiel

wenn man gemeinsam

durch die Pfützen von gestern hüpft

Wenn sie mit dir lachen

weil du lachst

wenn sie mit dir weinen

weil du weinst

wenn sie dich halten

weil du nicht im Gleichgewicht bist

halte sie und lass sie fühlen

auch du bist ihr Freund

wenn sie mit dir sprechen

weil du Redebedarf spürst

wenn sie mit dir streiten

weil ihr euch nicht versteht

halte sie und lass sie fühlen

was du fühlst

und das du dich erklären kannst

wenn sie es hören möchten

und das auch du ihnen zu hören magst

was sie zu sagen haben

Der Abend küsst den Tag

die Sonnenstrahlen

der letzten Stunden verglühen

ein großes Sternenzelt

zieht über uns herüber

die Lichter

die die Häuser erleuchten

werden immer heller

und so mancher Sternenhimmel

schwebt auch im Zimmer

Seelen die ausruhen

suchen nach dem einen Stern

wie er heißt

werden sie vielleicht noch nicht wissen

doch sie fühlen seine Liebe

die er über die Ferne sendet

Keine Zeit die verrät

was noch kommen könnte

Gefühle wandern dahin

wo sie erwünscht

und die Liebe

lebt einmal mehr

Streifzüge durch eine Seele

Berge und Täler erzählen viel

Wege bahnen sich durch die Vergangenheit

Wälder schenken Erholung

Sonnenland gibt es und Glück

Freude und ein Stück Geborgenheit

Meere und Seen

Flüsse lassen Schiffe fahren

und Blumen blühen bunt

ohne Maske aufsehen und erkannt werden

Heimat fühlen und nichts bereuen

alles hat seine Zeit

der Seele Geheimnis ist die Unendlichkeit

wo sie auch immer fliegen wird

sie strahlt durch die Ewigkeit

wohnt sie im guten Menschen

oder irgendwann im Himmelszelt

Die kleinen Dinge des Lebens

können Großes bewegen

Liebe nicht sehen können stimmt so nicht

doch sie zu fühlen ist unübertroffen schön

eine Blume schenkt Zuversicht

Freude auch

eine Umarmung schenkt Wärme

und Geborgenheit

ein liebes Wort muss nichts heißen

doch lässt einen Sonnenstrahl vermuten

und wenn wir uns nicht verstanden wussten

gab es auch diese kleinen Dinge

die wieder Großes bewegten

die Liebe ist etwas für Mutige

hat man Angst sie zu verlieren

könnte man Fehler machen

ist man sich ihrer sicher

ist es nicht gut

doch wie es nun richtig wäre

kann dir niemand wirklich sagen

du musst es selbst probieren

und liebe einfach

ich wünsche dir Mut dazu

Meeresbrise

Wind Nord Nordwest

wenn auch kein Traum überlebte

sie stand wieder auf und ging ihren Weg

den sie einst allein beschritt weiter

Tränenmeer versenkte Erinnerungen

auf dem Meeresgrund

leuchten die schönsten Perlen im Sonnenlicht

schimmern sie wie Geheimnisse

die nie etwas preisgeben werden

kein Gefühl ist ein Fehler der sich nicht lohnt

und die Wellen spülen so viel

vom Meer an Land

so schön am Strand und die Frage

wo ist er

hat keine Bedeutung für sie mehr

sie hat gelernt

Der Weg zum Vertrauen

manchmal schwer

doch wenn du dir nicht vertraust

wer darf es dann tun

alte Wege hinter dir

neue Wege zeigen sich in dir

keine Zeit verschenkt

denn du hast dazu gelernt

auch wenn andere es noch nicht sehen

du bist bereit weiter zu gehen

deine Gefühle

sie waren einst wie glitzernde Perlen

in der Dunkelheit

was war nur geschehen

das es sich so anders anfühlte

die Zeit verging

nichts war mehr vertraut

es war ein Kampf

der sich nicht legen wollte

kein Wille überlebt wo Liebe wohnt

Ehrlichkeit

kann helfen zu wachsen

doch Mut gehört dazu

wo hast du ihn versteckt

was kann zerstörbarer sein als die Lüge

ich glaubte du hattest gelernt

die Stille

zwischen unseren Gefühlen wird lauter werden

Erinnerungen verblassen mit der Zeit

werden sie sich nicht mehr vermissen

kein Kontakt geht auch

und dann nur noch glücklich sein

ich freue mich so darauf

Frage ich mein Gefühl nach dir

schüttelt es den Kopf

keine Liebe ist dir am Liebsten

und bei mir ist es gerade anders herum

warum weiß ich nicht

ich weiß nur das Liebe mich glücklich macht

und damit es so bleibt

trenne ich mich von deinem Gefühl

du wirst dein Leben leben müssen

so wie du es für richtig hältst

doch für mich gilt es auch

deshalb verabschiede dich

und bleib du doch unglücklich

wenn es dich glücklich sein lässt

Fragen über Fragen erreichten das Gefühl

die Antworten

schwebten noch hoch über dem Meer

flogen mit dem Wind durch die Zeit

und vielleicht erreichten sie mich einmal

was würde werden ohne die Antworten

die ich ersehnte seit Jahren

lebte ich in Erinnerung

oder starb ich tausend Tode

Tränen flossen durch die Seele

ergossen sich in weichen Kissen

und keiner hielt sie auf

warum nur schmerzte es so

manchmal

da riss ich mir den Schmerz aus der Seele

er vernebelte das Augenlicht

keine Hand die hielt

mein Verstand

durchbrach das Land der Einsamkeit

nur die Ewigkeit bewahrte wohl die Antwort

auf so viele Fragen

die so unerschöpflich im Gefühl wohnten

warum nur konnte ein Mensch nicht

für einen anderen so da sein

das beide sich glücklich fühlten

warum nur

hatte ein Mensch so Angst und lebte die Lüge

und der andere ertrank in seiner Ehrlichkeit

warum nur warst du so

nichts gefiel mir mehr an dir

nichts lies mich in dir erkennen

das auch zu mir gehörte

warum sollte ich also auf etwas Vertrauen

das es so nie geben würde

und weißt du als ich das so im Gefühl hatte

ging es bergauf und immer höher

und jetzt bin ich bei mir

meine Antwort ist

du bist nicht frei

obwohl genau das

dir so wichtig schien

Die Lügen der Nacht

waren nicht bunt noch schön

Sturm der Gefühle gebannt

ein Windhauch zog durchs Seelenland

nichts Besonderes doch neu

keine Fortsetzung geplant

nichts mehr anvisiert

die Welt ist Frieden

wie in mir

Kriegsschauplätze fehlen nie

wo gestern noch deine Gefühle fragten

erzählen ihnen heute meine Antworten so viel

und dein Weg wird ein anderer sein

als der meine

weil nur die Gefühle entscheiden

Wenn der erste Schnee

das Land mit weiß bedeckt

sehnen die Herzen sich

nach mehr Geborgenheit

vor den Kaminen hinter den Öfen sitzen sie

die Menschen mit ihren vielen Gedanken

und Gefühlen

ziehen durch duftende Räume

Kinder singen Lieder

und naschen Süßes lieber als sonst

Schneeflocken wirbeln vom Himmel herab

und wusstest du

das Eisblumen die Fenster zieren

weil eine weiße Fee sie zaubert

um die Menschen zu erfreuen

und wenn Kerzenlicht die Zimmer erhellen

lachen die Seelen im Kerzenschein

Liebe ein Gefühl der Weihnachtszeit

wie schön wäre es

wenn wir es in das neue Jahr hinein tragen

und es wachsen darf

für alle Zeit

Wenn des Nachts die Träume singen

Brücken golden scheinen

und Feen in ihren Gewändern tanzen

schlafe ich fest in deinen Armen

mein Kopf auf deiner Brust

keine Gewohnheit zu Besuch

doch Liebe für alle Zeit

wenn des Morgens kühle Welle

sich durch das Zimmer bewegt

und deine Küsse mich erinnern

an die Träume der Nacht

Haut an Haut wir uns fühlen durften

löse ich mich nie mehr aus deinen Armen

weil wir uns lieben für alle Zeit

wenn der Tag sich golden zeigt

und kein Regen der Himmel trägt

das Sonnenlicht auf unseren Nasen tanzt

halten wir uns fest an den Händen

weil wir uns nicht trennen können

weil in uns die Liebe lebt

Nichts verloren im Meer der Genügsamkeit

außer vielleicht das Besondere

Aufregung gibt es kaum

weil ja alles passt und wenn nicht

ist ja auch nicht schlimm

es wird schon besser werden

und das Wasser schlägt zum Ufer

die Füße sind schon drin

doch genügsam sein heißt doch nicht

alles zu ertragen

was nicht das Gefühl erreicht

und auf dem Meer fahren so viele Schiffe

doch sie legen nicht an

warum nur machen sie das

weil sie noch nie geträumt

und nicht wissen was sie tun

Erinnerungen

an eine nicht gelebte Liebe

schweben im Nirgendwo

manchmal kommen sie in die Seele zu Besuch

und ertrinken im Seelenmeer

das da seit vielen Jahren schon

von Ufer zu Ufer seine Wellen schlägt

doch wo kein Land ist kein Ausstieg möglich

wenn nur nicht immer

diese Zweifel nagen würden

wie ein großes Tier

das nie ein anderes gerissen

und die Erinnerungen verklingen

bis zum nächsten Sturm

der sie wieder in die Seele weht

eine nicht gelebte Liebe blieb nicht im Leben

nicht weil der Mut streikte

sondern die Wahrheit nicht zu ihnen fand

Woher kamen sie

die Fragen

denen ich die Antworten noch schuldig blieb

warum kamen sie

weil das Ziel in die Ferne rückte

wieso fanden die nicht zu mir

stand ich mir selbst im Weg

oder war es ein anderes Gefühl

das sie mir nicht schenken wollte

wenn das so wäre bleibt die Frage

wieso

weil das Gefühl nicht wollte

das ich erfahren sollte

das es mich über alles liebt

und nun hat es ein Problem

denn ich weiß es ja längst

wie schön ist das denn

ich danke dir dafür

das du mich liebst

Goldene Pforte

sie scheint herab vom Himmel

auf ihr tausende Engel

die auf die Erde zu schweben scheinen

mit ihren Chören singen sie alte Lieder

die wir des Nachts vernehmen können

wenn wir an sie denken und fühlen

der Himmel ist so nah

können wir die Ewigkeit erahnen

ist das Licht ein Leuchtfeuer in der Dunkelheit

und die Engel fliegen weit

manchmal senden sie Zeichen zur Erde

Musik oder Worte

sprechen dann mit der Seele

und lassen fühlen

Liebe ist das Größte auf der Welt

und wenn wir am Morgen erwachen

tragen wir ein Lächeln im Gesicht

es trägt die Schrift der Seele

dankbar

Du bist der Mann der mir unbekannt

ich bin die Frau die du zu lieben scheinst

wieso weshalb das so ist

kann keiner von uns wohl sagen

doch eines steht ja wohl schon mal fest

ich bin gebe meinen Ton an

egal was auch noch passiert

du hörst auf mich

andere Frauen gibt es für dich nicht

deine Blicke gehören nur mir

deine Gefühle so wie so

deine Mutter gibt sie dir zurück

noch Heute und dann gehörst du mir

dass wolltest du doch so

Aus den Lügen der Nacht erwacht

Herz war entzückt

doch die Warnung verstoßen

erlebte es den Fall zurück in die Einsamkeit

kein Versprechen gehalten

der Morgen trüb und grau

Mut wurde geboren

erneut sich zu erheben über das Falsche

dass das Leben zu lieben scheint

doch der Weg ist nun frei

in ein Glück das Wahrheit heißt

allein geht ein jeder für sich

ohne Gefühle die sich nicht mehr sehen

Wasserperlen tropfen vom grünen Halm

er scheint den Schmerz zu kennen

er weint

doch er spricht nicht und hängt Kopf über

Mutter Erde hält ihn auch in dieser Zeit

Menschen die vorüber gehen

schenken ihm keine Aufmerksamkeit

doch die Wasserperlen

lassen ihn wieder aufleben

und bald trägt er wieder

sein grünes Lächeln

Die Träume der Nacht

sie erlebten nicht den Tag

das Helle hatte sie erschreckt

sie entschwanden schon im Morgengrauen

versteckten sich und blieben fern

bis das Sternenmeer sie sah

es nahm sie auf

und schenkte ihnen eine Reise mit Wiederkehr

in denen auch die Tage

die Träume der Nacht sahen

alles braucht Zeit

Wenn die Kettenglieder rasseln

nimmt er reiß aus

er liebt nicht genug

nicht sich nicht die anderen

sein Kummer beschränkt sich darauf

das seinem Willen niemand folgen mag

doch bedenke er eines

sie sehen was er getan und noch immer tut

können nicht erkennen den Weg im Licht

vielleicht folgst du ihnen erst einmal

um zu erkennen was richtig für dich ist

manchmal braucht man jemanden im Außen

der einen zeigt was man gern möchte

und damit meine ich nicht

eine Bettgeschichte

Seelenwanderin

die Sterne begleiten dich auf deinem Weg

gestern vergessen

heute lebt in dir

wache Blicke führen dich

Mauern die einst zu hoch sind nun begehbar

falscher Zeitpunkt war einmal

durch Wälder gehst du

über Meere fliegst du weit

an Ufern stehst du

und trittst du auf Sand

spürst du keine Zeit

Die Feen

berühren ihre Zauberstäbe

das Glitzern sieht man in der Nacht

es sind die vielen aber tausend Sterne

sie geben wohl auf alle Kinder acht

die weißen Bänder die sie tragen

wehen leicht im Wind

man sieht es als Silberstreif am Horizont

und senden sie aus ihrer Welt

in den schönsten Farben

einen Regenbogen her

dann fliegen die Feen mit den Engeln

in einen schönen Traum

der dem Kind im Schlaf erzählt

Glutrote Sonne berührt den Sand

der vom Wind verweht

heute hier

morgen dort

kein Körnchen bleibt am selben Ort

es sind die alten Geschichten

die man so hört

die guten und die schlechten

sie wird es wohl immer geben

solange man nicht fragt warum

und sich mancher ändert

seinetwegen nur

Manchmal wünsche ich mir

das alle Fragen die nicht beantwortet

zu bunten Luftballons sich wandeln

die durch die Welt fliegen

von Ort zu Ort

und der Kummer wandelt sich

in die schönsten Farben

so wie sie am Himmel ziehen

Der Himmel trägt unendliche Sterne

die Ozeane

Wasser

das Land

Menschen

alles in Bewegung

nichts bleibt gleich

nicht du

nicht ich

alles gut

vielleicht wird alles noch besser

mit der Zeit

denn die Sonne scheint immer

auch hinter Wolken verhangenem Himmel

und des Nachts

warum also sollte hinter einer Träne

nicht das warten

was man sich so wünscht

Liebe

Eine Stimme erzählt ganz leise

gute Worte tragen Gefühle durch die Zeit

in der Zukunft leben sie noch immer

Blumen erblühen statt Mauersteine

die Sonne berührt ihre Farben

die der Regen rein gewaschen

vom Staub der Ewigkeit

Was sind die Jahre wert

die du in der Einsamkeit verbracht

welche Rolle spieltest du

deine Masken so alt

keiner hat dich jemals wirklich gesehen

Gefühle stahlen dir die Zeit

die du mit Unwahrheiten schmücktest

und nun ist Mut dein Freund

der dir die Hand hält

in den Stunden der Zweisamkeit

Oh sie strahlt ihre Seele

eine Königin

ihr Gefühl ein Diamant

den es gilt aufzubewahren

alles was sie je sagte

trägt den Glanz der Ehrlichkeit

der auch die Zukunft prägt

was ist das nur

ihre Liebe ein buntes Farbenmeer

in dem man schwimmen kann

ohne unterzugehen

auch wenn man nicht schwimmen kann

und man möchte nie wieder ans Ufer treten

weil diese Farben wärmen

wie nichts auf dieser Welt

oh sie strahlt und ihr Lachen hat so viel Kraft

es hält die Welt an

und lässt alles was nicht in die Welt passt

zur Seite fliegen

unkenntlich gemacht

ziert es die Sternennacht

und leuchtet des Nachts so hell

das kein Kind mehr

Angst vorm Einschlafen hat

oh ja sie ist die Königin

die ihre Wünsche manchmal nicht kennt

doch sie lebt glücklich

und ihr Gefühl ein Diamant

den es gilt aufzubewahren

für den der es schätzen kann

und der Zukunft helle Strahlen

erzählen schon so viel davon

von der Königin und ihrem Gefühl

Siehst du den Sand dort

nimm ein Korn auf und denke dir die Welt

schau auf diese Welt

und erzähle mir doch davon

von dem was du denkst

das was vor deinem Auge erscheint

und laufen lernt

wie der Regen fällt

und die Sonne ihn wieder trinkt

was Menschen denken wenn sie uns betrachten

was du dir erhoffst

was du fühlst hältst du mich im Arm

und dann lass mich in deine Augen sehen

sie werden mein Spiegel sein

in dem ich mich erkenne

und wenn eine Träne zu Boden fällt

geht vieles auf Reisen

das nicht in diese Welt passt

doch sie wird nur dir gehören

und siehst du ein Lachen

zeigt es dir dein Glück

das auch in mir wohnt

bezaubernd und schön

schau nur in ein Sandkorn und erzähle mir

Wenn die Fragen der Nacht zu viel

die Antworten jedoch fehlen

versprich mir nicht die Welt

erzähle mir nicht

du holst den hellsten Stern vom Himmel

es würde zu sehr schmerzen

würde es dann anders sein

ich wünsche mir keine Diamanten

kein Schloss

keine Millionen

was ich mir wünsche

sind Ehrlichkeit und Liebe

und das ich sie auch fühlen darf

Die bunten Blätter schweben im Wind

das Kind vom Sturm lässt sie weit fliegen

kahl die Kronen der Bäume

stolz stehen sie da weil sie fühlen

das Alte muss gehen

um Neuland zu sehen

wie einfach das doch ist

einfach nein

einfach ist das wohl nicht

wenn die Zeit noch nicht reif dafür ist

das Alte vielleicht doch lieb gewonnen

und manche Träne dann doch hängen bleibt

um zu erinnern

aber wer sagt denn

das es nicht auch Freudentränen sein könnten

stimmt doch oder etwa nicht

Manchmal gab es Stunden

die forderten mich

ich kannte meinen Namen nicht

nicht wohin ich gehen wollte

manchmal gab es Stunden

die haben mich zufrieden sein lassen

ich wusste wo ich hin gehörte

und fühlte Zuversicht

manchmal gab es Stunden

die mich haben glücklich fühlen lassen

ich liebte mich und dich und die ganze Welt

ohne wissen zu wollen

was der nächste Tag erzählen würde

weil kein unguter Gedanke

meine Gefühle trübte

und heute ist es immer noch so

Ich finde die Stille in mir

Seelentiefer Ozean

sein Wasser bewegt Gefühle

am anderen Ufer

einmal fuhr ein Schiff

auf seinen hohen Wellenbergen

ratlos stand ich am Ufer und schaute ihm nach

weit in der Ferne

sah ich es noch im Seelennebel entschwinden

irgendwann kam es zurück zu mir

mit einer Nachricht

die mich nicht glücklich sah

dieses Schiff fuhr nie wieder hinaus aufs Meer

was am anderen Ufer dann geschah

kann ich nicht erzählen

es kam von dort

nie wieder eine Nachricht ins Gefühl

weil man mich so glücklich sah

bis in alle Ewigkeit

Wenn laute Berge

sich am Himmel zeigen

und Regen fällt auf sie

werden die die auf sie steigen

nichts mehr tragen an Schmerz und Pein

doch die Berge tragen schwer

und wenn der liebe Gott es will

werden tausend Engel fliegen

um zu hören

was sie erzählen

und aller Schmerz darf von ihnen fahren

hinein ins Licht

Gott sei Dank

Wenn du gelackt und geschmiert

durch meine Welt deine Schritte führst

erschreckst du mich

wenn du verwirrt

weil du zu lange in dich gekehrt

deine Blicke schweifen lässt

erschreckst du mich

wenn du nur hören willst

was du hören möchtest

um deinen Platz nicht räumen zu müssen

weil der Regen

deine Sorgen abwaschen möchte

halte ich dir nicht den Schirm

ganz bestimmt nicht

aber ich bereite dir danach

einen wohlschmeckenden Tee

welchen magst du denn

und du schläfst bei dir

Und

wenn das Sonnenlicht sich zeigt

am Morgenhimmel

nach der Dunkelheit

fühle ich

die Welt

sie trinkt Liebe

Über die Berge himmelhoch

durch Meere tiefer denn je

die Sonne als Begleiter

neue Wege zeigen sich

kein Vergessen schwer gemacht

Erinnerung strahlt Vergangenheit bunt

die Zukunft lockt

mit einem Silberstrahl am Horizont

und wenn der Morgen

auch einen Tag länger braucht

er wird kommen und es wird gut

Die Sterne des Himmels

zählen wir sie

der Mond zeigt sie auf

und das Sonnenlicht

und wenn dein Himmel auf meinen trifft

dann fliegen alle Ufos durcheinander

und wir zählen von vorn

doch morgen

habe ich schon etwas anderes vor

Auf dem Meer der Ewigkeit

fahren die Seelenschiffe weit

über hohe Wellenberge

führt sie ihr Weg

raue See spielt ihr Lied

und Flaute lässt sie ankern

und wenn sie auf Kurs sind

fühlen die Seelen

die Leben die sie bereits schon hatten

Erinnerungen besuchen sie

das Sternenmeer erzählt davon

Er hat keine Ahnung

von dem was ihn erwarten wird

es sind Gefühle unentwegt im Einsatz

sie erzählen ihm von ihr

und in der Nacht lag er so oft wach

dachte an sie und fühlte sich allein

manchmal hat eine Träne sich gezeigt

und lies er sie ziehen

folgten ihr viele Schritt für Schritt

seine Seele erholte sich

doch alles begann von vorn

wie lange noch fragte er sie

wolle sie nichts von ihm

er hat keine Millionen

fährt auch keinen Benz

manchmal nur Straßenbahn

und sucht eine Muse in der Stadt

doch keine war bisher wie sie

das hatte er schon erkannt

Wenn das Leben Antworten schenkt

Zeichen sich im Wind nicht drehen

Liebe alles ist was zählt

ist der Tag aller Tage da

der sich zeigt in Tausend Farben

die am Himmel leuchten

auch wenn die Sonne

hinter dunklen Wolken steckt

denn das hat überhaupt nichts zu bedeuten

Schau hinaus auf das Meer

es lebt seit Millionen von Jahren

und in ihm eine Welt

die wo anders nicht glücklich sein könnte

die Meereswelt braucht die Leichtigkeit

und das Spiel des Wassers

das Durchdringen aller Türen

die sich ihnen dort zeigen können

und nun schau einmal in ihre Seele

was dir dort begegnet ist ganz ähnlich

doch du bist wohl anders

fühlst nicht wie sie

das ist gut

denn so bist du

doch sie ist eben anders

sie wünscht sich Leichtigkeit

und wenn sie der Mensch liebt

den auch sie liebt

dann wünscht sie sich

das er es ihr nicht nur sagen mag

wenn er es fühlt

sondern auch zeigen möchte

denn das tut sie auch

Als der Wind aus Süd Südost wehte

die Seele Liebe fühlte

ihre Augen ertranken

in sehnsuchtsvollen Momenten

war er nicht bereit nur für ein liebes Wort

als der Wind sich drehte

die Seele Liebe entbehrte

wurde sie stark und ging allein ohne ihn

doch seine Seele

wünschte sich auf einmal mehr

weil die Liebe

aus einer anderen Richtung wehte

doch sie schenkte kein liebes Wort

nicht ihr Wille hatte gesiegt

sondern ihre Liebe

was sie ihm noch anbieten konnte

war Freundschaft ehrlich und fair

doch selbst das wollte er nicht mehr

warum

war die Liebe zu Besuch

diese Frage stellte sie sich

auch im Nachhinein

und sie fand ihre Antwort darauf

Von Marion Jana Goeritz ebenfalls beim Verlag BoD erschienen (BoD Books on Demand, Norderstedt, nähere Informationen finden Sie unter www.BoD.de)

„Liebe für die Seele Band 1"
ISBN 978-3-7357-4045-8

„Liebe für die Seele Band 2"
ISBN 978-3-7357-7734-8

„Seelenweiß"
ISBN 978-3-7347-5769-3

„Seelen essen Liebe gern"
ISBN 978-3-7347-8706-5

„SeelenEngel" ein spiritueller Erfahrungsbericht
ISBN 978-3-7386-2588-2

„SeelenSchlüssel"
ISBH 978-3-7386-3844-8

„Seelenfarben"
ISBN 978-3-7386-3947-6

„Seelenschimmer"
ISBN 978-3-7386-4014-4

„Seelenfinden"
ISBN 978-3-7386-4037-3

„Ein Gefühl meiner Seele"
ISBN 978-3-7386-1506-7

„Seelenfrieden" Danken, Bitten, Entspannung ein persönlicher Erfahrungsbericht
ISBN: 978-3-7386-4884-3

„Seelenweihnacht"
ISBN: 978-3-7386-5616-9

„Im Land unter dem Regenbogen"
Wunderbare Märchen und unglaubliche Geschichten
ISBN: 978-3-7392-0115-3

„Freddy und seine Geschichten"
ISBN: 978-3-7386-3321-4

„SeelenWorte"
ISBN: 978-3-7392-0455-0

„Herzanker"
ISBN: 978-3-7392-3482-3

„Im Fluss der Liebe"
ISBN: 978-3-7392-3489-2

„Seelenklänge"
ISBN: 978-3-7392-3532-5

„Liebeslied"
ISBN: 978-3-7392-3548-6

„Wahre Traumtänzerin"
ISBN: 978-3-7392-3556-1

„Emilia Sommerfeld"
ISBN: 978-3-7392-3787-9

„Für mich war es Liebe"
ISBN: 978-3-8423-5362-6

„Kaleidoskop"
ISBN: 978-3-8423-5738-9

„Die verzauberte Wiese"
ISBN: 978-3-7412-0772-3

„Seelenbrücke"
ISBN: 978-3-7412-0890-4

„Wetterleuchten"
ISBN: 978-3-7412-2740-0

„Zentrifuge"
ISBN: 978-3-7412-4011-9

„Für Dich"
ISBN: 978-3-7412-4018-8

„Hannos Geschichten"
ISBN: 978-3-7412-9373-3

„Das Eulenherz"
ISBN: 978-3-7431-0009-1

„Eine Reise irgendwo hin"
ISBH: 978-3-7421-0042-8

„Ist das wirklich wahr?"
ISBN: 978-3-7431-1549-1

„Stille Momente"
ISBN: 978-3-7431-1586-6

„Engelszwirn"
ISBN: 978-3-7431-1594-1

„Anders"
ISBN: 978-3-7448-3582-4

„Wenn es spricht"
ISBN: 978-3-7448-3583-1

„Jonas und die Himmelsleiter"
ISBN: 978-3-7448-5452-8

„Farbenregen"
ISBN: 978-3-7448-5453-5

„Wellenfarbe"
ISBN: 978-3-7448-7311-6

Blanchefleur
ISBN: 978-3-7448-7415-1

„Winterzauber"
ISBN: 978-3-7448-9885-0

„Seele was denkst du dir?"
ISBN: 978-3-7448-9937-6

"Der Südwind
der aus dem Norden kam"
ISBN: 978-3-7448-8206-4

"Erinnerungsblick"
ISBN: 978-3-7460-1281-0

„Mosaik" Gefühle und Gedanken
Gedichte
ISBN:978-3-7460-1320-6

„Begegnung"
ISBN: 978-3-7460-9595-0

„Sternenozean"
ISBN:978-3-7460-9685-8

Weitere Informationen zu Neuerschei-
nungen finden Sie immer auf meiner
Seite

www.buchkaleidoskop.Reikipraxis-Goe-
ritz.de